AF253705

BARON DE NOVAYE

Aujourd'hui

et

Demain?

Suite et complément de l'ouvrage « Demain? »

D'APRÈS LES CONCORDANCES FRAPPANTES
DE 120 PROPHÉTIES ANCIENNES ET MODERNES

Publié en octobre 1905

PARIS

P. LETHIELLEUX, LIBRAIRE-ÉDITEUR

10, RUE CASSETTE, 10.

Aujourd'hui
et
Demain ?

BARON DE NOVAYE

Aujourd'hui

et

Demain ?

Suite et complément de l'ouvrage « Demain ? »

D'APRÈS LES CONCORDANCES FRAPPANTES

DE 120 PROPHÉTIES ANCIENNES ET MODERNES

PUBLIÉ DANS LE COURANT DU MOIS D'OCTOBRE 1905

PARIS

P. LETHIELLEUX, LIBRAIRE-ÉDITEUR

10, RUE CASSETTE, 10

(Novembre 1914)

PRÉFACE

En octobre 1905, je publiais, sous le titre « Demain?... », un livre où, frappé des concordances stupéfiantes de cent vingt prophéties tant anciennes que modernes, après avoir cité les textes de ces prophéties, je faisais ressortir les probabilités que nous présentait l'avenir d'après ces concordances mêmes.

Que faisait prévoir ce travail ?

Une grande guerre générale et victorieuse — nous y sommes ; — la prise de Constantinople par les Russes — c'est probable ; — la guerre civile avec la destruction de Paris — enfin le Grand Roi restaurant de par Dieu « la France meurtrie et souillée et lui rendant l'honneur, la gloire et les vertus dont elle a été dépouillée (1) ».

Puis aussi :

La Révolution réprimée en Russie : il a fallu le temps de l'impression du livre, en 1905, pour que ce présage se réalise — le rétablissement de la Pologne : c'est chose promise par le Tsar — la Belgique et la

(1) Prophétie de Joséphine Reverdy, p. 366, verset 13.

France réunies : c'est probable et on en parle déjà.

Notons entre autres cette frappante réalisation :
Une guerre éclatant soudain en Orient donne le signal ;
elle commence entre trois nations (Autriche, Serbie,
Montenegro), ensuite toute l'Europe est en feu.

Je m'arrête là : le lecteur pourra se reporter à
« Demain... ? », auquel du reste je renverrai souvent
dans cette courte étude.

Mon but est simplement de montrer combien leur
réalisation prouve, comme le dit saint Paul, qu'il ne
faut pas mépriser les prophéties ; combien ce qui nous
attend sera encore — si nous ne l'évitons pas, et nous
pouvons l'éviter — pire que ce que nous subissons.
Mais cette guerre a réveillé le patriotisme endormi ;
elle a fait taire instantanément les passions politiques
et religieuses, au début du moins, et Dieu, si nous le
méritons, nous en tiendra compte. Pour cela, il faudra, une fois la guerre terminée, que les anticléricaux
ne voient pas la « bête noire » partout ; qu'ils mon-
trent un peu de cette charité laïque dont ils parlent
tant, et puisqu'ils affirment qu'en République tout le
monde doit avoir sa place au soleil, qu'ils laissent
aux catholiques celle dont ils ont besoin et à laquelle
ils ont droit : ils ne trouveront alors jamais en eux
d'hostilité.

Si, après la guerre, chacun se montre résolu à sui-
vre cette ligne de conduite, je suis convaincu que
Dieu, satisfait de notre sagesse, nous fera grâce du

reste du châtiment, et que nous éviterons à peu près complètement toute guerre civile qui, si chacun n'y met pas du sien, pourrait succéder aux événements actuels et achèverait de ruiner ce qui sera resté debout.

Dans « Demain... ? » j'avais cité cent vingt prophéties ; je vais à présent donner celles que je ne connaissais pas en 1905 ou qui ont surgi depuis. Elles seront donc numérotées à la suite. Je finirai par la revue de quelques textes de mon livre dont l'étude nouvelle est intéressante.

Que l'on ne voie, dans cette brochure, comme dans mon précédent ouvrage d'ailleurs, qu'une œuvre de documentation. Les quelques commentaires, ou bien cités par moi, ou bien personnels, ne cherchent nullement à influencer l'esprit du lecteur. Fils respectueux de l'Église, je comprends très bien toutes les réserves qu'impose une œuvre de cette nature.

AUJOURD'HUI ET DEMAIN?

CXXI

PROPHÉTIE DE CAUTERETS

Publiée au commencement de la guerre par le journal *le Figaro*; elle date, y affirme-t-on, de l'an 1700 et a été trouvée dans les archives de Cauterets.

1. — Quand les voitures sillonneront les routes sans chevaux ;

2. — Quand on se parlera d'un bout à l'autre du monde ;

3. — En l'an 1914 :

4. — *Mai* parlera de guerre,

5. — *Juin* la décidera.

6. — *Juillet* la déclarera.

7. — *Août*, on verra des pleurs dans les yeux des épouses et des mères.

8. — *Septembre* continuera les hostilités.

9. — *Octobre* verra du sang jusqu'aux genoux dans trois villes de Prusse.

10. — *Novembre*, un homme blanc décidera la paix.

11. — *Décembre*, la France sera victorieuse et vivra dans la paix et la prospérité.

Le verset 1 parle des autos; le verset 2 du téléphone,

du télégraphe et de la T. S. F.; le verset 3 donne une date ferme.

Jusqu'au verset 8, elle est réalisée. Le verset 9, qui dit qu'en octobre on verra du sang jusqu'aux genoux dans trois villes de Prusse, est erroné comme date. L'homme blanc qui décidera de la paix (verset 10) est ou l'empereur de Russie ou le Pape. Elle peut se réaliser quant aux faits ; j'ai expliqué dans *Demain...?* combien la réalisation des dates est problématique.

CXXII

PROPHÉTIE LATINE DE 1606

C'est Péladan qui l'a publiée, aussi, dans *le Figaro*. Elle me paraît tellement exacte qu'il est possible qu'elle ait été truquée pour la circonstance. Cependant, le nom de Péladan offre une garantie qui permet de la citer, d'autant qu'à cause de son exactitude même elle est fort intéressante. Elle serait due à un certain moine Johannès.

Le commentaire suit le texte.

L'Antéchrist.

1. — On aura cru le reconnaître déjà, plusieurs fois, car tous les égorgeurs de l'Agneau se ressemblent, et tous les méchants se trouvent être les précurseurs du Grand Méchant.

2. — Le véritable Antéchrist sera un des monarques de son temps, un fils de Luther ; il invoquera Dieu et se donnera pour son envoyé.

3. — Ce prince du mensonge jurera par la Bible ; il se présentera comme le bras du Très Haut, châtiant les peuples corrompus.

4. — Il n'aura qu'un bras ; mais ses armées innombrables, qui prendront pour devise : « Dieu avec nous », sembleront des légions infernales.

5. — Longtemps, il agira par ruse et félonie, et ses espions parcourront toute la terre, et il sera maître des secrets des puissants.

6. — Il y aura des docteurs à sa solde, qui certifieront et prouveront sa mission céleste.

7. — Une guerre lui fournira l'occasion de lever le masque. Ce ne sera pas celle qu'il fera à un monarque français, mais une autre qu'on reconnaîtra bien à ce caractère qu'en deux semaines elle sera universelle.

8. — Elle mettra aux prises tous les peuples chrétiens, tous les musulmans et même d'autres peuples très lointains. Des armées se formeront aux quatre coins du monde.

9. — Car les anges ouvriront l'esprit des hommes et la troisième semaine ils comprendront que c'est l'Antéchrist et qu'ils deviendraient tous esclaves s'ils ne terrassaient pas ce conquérant.

10. — On reconnaîtra l'Antéchrist à plusieurs traits : il massacrera surtout les prêtres, les moines, les femmes, les enfants et les vieillards. Il ne fera aucun merci ; il passera la torche à la main, comme les barbares, mais en invoquant le Christ.

11. — Ses paroles d'imposture ressembleront à celles des chrétiens, mais ses actes seront ceux de Néron et des persécuteurs romains ; il aura un aigle dans ses armes et il y en aura un aussi dans celles de son acolyte, l'autre mauvais monarque.

12. — Mais celui-là est chrétien, et il mourra de la malédiction du pape Bénédictus, qui sera élu au début du règne de l'Antéchrist.

13. — On ne verra plus les prêtres et les moines confesser et absoudre les combattants ; d'abord parce que pour la première fois les prêtres et les moines combattront avec les autres citoyens, ensuite parce que, le pape Bénédictus ayant maudit l'Antéchrist, il sera proclamé que ceux qui le combattent se trouvent en état de grâce

et, s'ils meurent, vont au ciel tout droit, comme les martyrs.

14. — La Bulle qui proclamera ces choses aura un grand retentissement; elle ranimera les courages et elle fera mourir le monarque allié de l'Antéchrist.

15. — Pour vaincre l'Antéchrist, il faudra tuer plus d'hommes que Rome n'en a jamais contenu. Il faudra l'effort de tous les royaumes, car le coq, le léopard et l'aigle blanc ne viendront pas à bout de l'aigle noir, si les prières et les vœux de toute la gent humaine ne venaient les aider.

16. — Jamais la gent humaine n'aura connu un tel péril, parce que le triomphe de l'Antéchrist serait celui du démon en qui il s'est incarné.

17. — Car il a été dit que vingt siècles après l'incarnation du Verbe la bête s'incarnera à son tour et menacera la Terre d'autant de maux que l'incarnation divine y a apporté de grâces.

18. — Vers l'an deux mille, l'Antéchrist se manifestera; son armée dépassera en nombre tout ce qu'on peut imaginer; il y aura des chrétiens parmi ses cohortes et il y aura des mahométans et des soldats sauvages parmi les défenseurs de l'Agneau.

19. — Pour la première fois, l'Agneau sera tout rouge. Il n'y aura pas dans le monde chrétien un petit espace qui ne soit rouge et rouges seront le ciel, la terre, l'eau et même l'air, car le sang coulera au domaine des quatre éléments à la fois.

20. — L'Aigle noir se jettera sur le Coq, qui perdra beaucoup de plumes, mais frappera héroïquement de son ergot. Il serait bientôt épuisé sans l'aide du Léopard et de ses griffes.

21. — L'Aigle noir qui viendra du pays de Luther surprendra le Coq d'un autre côté et envahira le pays des coqs jusqu'à la moitié.

22. — L'Aigle blanc qui viendra du septentrion surprendra l'Aigle noir et l'autre Aigle et envahira le pays de l'Antéchrist complètement d'un bout à l'autre.

23. — L'Aigle noir se verra forcé de lâcher le Coq pour combattre l'Aigle blanc et le Coq devra poursuivre

l'Aigle noir dans le pays de l'Antéchrist pour aider l'Aigle blanc.

24. — Les batailles livrées jusqu'alors ne seront que peu de choses auprès de celles qui auront lieu au pays luthérien. Car les sept anges verseront en même temps le feu de leurs encensoirs sur la terre impie (image prise à l'Apocalypse), ce qui veut dire que l'Agneau ordonne l'extermination de la race de l'Antéchrist.

25. — Quand la bête se verra perdue, elle deviendra furieuse; il faudra que, pendant des mois, le bec de l'Aigle Blanc, les griffes du Léopard et l'ergot du Coq s'acharnent sur elle.

26. — On passera des fleuves à gué sur les cadavres qui, par endroits, changeront le cours des eaux. On n'enterrera plus que les hommes très nobles, que les premiers capitaines et les princes, car au carnage fait par les armes se joindra l'amoncellement de ceux qui mourront de faim et de la peste.

27. — L'Antéchrist demandera plusieurs fois la paix ; mais les sept anges qui marchent en avant des trois animaux défenseurs de l'Agneau ont dit que la victoire ne serait donnée qu'à la condition que l'Antéchrist soit écrasé, comme la paille sur l'aire.

28. — Exécuteurs de la Justice de l'Agneau, les trois animaux ne pourront pas s'arrêter de combattre tant que l'Antéchrist aura des soldats.

29. — Ce qui rend l'arrêt de l'Agneau si implacable, c'est que l'Antéchrist a prétendu être chrétien et agir en son nom et que, s'il ne périssait pas, le fruit de la Rédemption serait perdu et les portes de l'Enfer prévaudraient contre le Sauveur.

30. — On verra bien que ce n'est point un combat humain celui qui se livrera aux lieux où l'Antéchrist forge ses armes. Les trois animaux défenseurs de l'Agneau extermineront la dernière armée de l'Antéchrist, mais il faudra faire du champ de bataille un bûcher grand comme la plus grande cité, car les cadavres auront changé la face du lieu, en le hérissant de chaînes de monticules.

31. — L'Antéchrist perdra sa couronne et mourra

dans la solitude et là démence. Son empire sera partagé en vingt-deux États, mais aucun n'aura plus de maison forte, ni d'armée, ni de vaisseaux.

32. — L'Aigle Blanc, par ordre de Michel, chassera le Croissant d'Europe où il n'y aura plus que des chrétiens; il s'installera à Constantinople.

33. — Alors commencera une ère de paix et de prospérité pour l'univers, et il n'y aura plus de guerre, chaque nation étant gouvernée selon son cœur et vivant selon sa Justice.

34. — Il n'y aura plus de chrétiens ni de schismatiques. L'Agneau régnera et les délices de l'humanité commenceront.

Heureux qui, échappant aux périls de cette merveilleuse période, pourra en goûter le fruit, et ce sera le règne de l'Esprit et la signification de l'Humanité, qui ne pouvait s'opérer qu'après la défaite de l'Antéchrist.

2-3. — Guillaume II a en effet tout le temps le nom de Dieu à la bouche, et dans ses proclamations se déclare hautement l'envoyé de Dieu.

4. — L'Empereur a le bras gauche atrophié : là devise de ses armées est *Gott mit Uns*, Dieu avec nous.

5. — L'espionnage allemand est incomparable.

6. — Cela aussi a eu lieu pour Guillaume II.

7. — La cause de la guerre a été une autre guerre déclarée par l'Autriche à la Serbie : il a fallu en effet moins de quinze jours pour que la Russie, l'Allemagne, la France, l'Angleterre et la Belgique s'en mêlent. J'oubliais le Japon.

8. — Ce n'est que trop vrai : le Japon, les colonies anglaises, nos contingents africains, la Turquie.

9. — C'est tout à fait la croisade contre le pangermanisme.

10. — Ce n'est que trop vrai.

11. — Les proclamations de Guillaume II, où il invo-

que toujours Dieu — l'aigle de ces armes et de celles de l'Autriche.

12. — Le pape Benoît XV maudira-t-il le pauvre vieux François-Joseph ? Je me le demande : le vieil Empereur doit être dans un tel état de décrépitude qu'il ne sait peut-être même pas où ses ministres l'ont entraîné.

13-14. — Les prêtres et les moines sont en effet aux armées. Quant à la bulle... ?

15. — La guerre sera très dure ; nous nous en rendons compte. Le coq, la France ; le léopard, l'Angleterre ; l'aigle blanc, la Russie.

17-18. — Erreur de date de 85 ans, à moins que là le prophète ne parle du réel Antéchrist, Guillaume n'étant considéré que comme son image ou son précurseur.

Cependant la répartition des religions dans les armées des deux parties est fort exacte.

21. — Invasion d'un autre côté : par la Belgique. L'armée allemande est venue jusqu'à la Marne, à peu près la moitié du territoire franco-belge.

22. — Donc la Russie ira jusqu'au Rhin, comme le dit une autre prophétie.

23. — et nous, profitant de cette diversion, nous irons en Allemagne.

24. — Que seront ces batailles, si celles qui se livrent actuellement en Flandre ne sont rien à côté !

25. — La guerre sera longue.

26. — Ceci est déjà réalisé.

27. — Il est évident que les conditions de paix seront draconiennes, et que l'Allemagne les refusera plusieurs fois avant d'être réduite à merci.

28. — On ira jusqu'au bout, comme après Iéna.

29. — En effet, les proclamations de Guillaume II indiquent qu'il se substitue pour ainsi dire à Dieu.

30. — Ce dernier combat aura-t-il lieu en Westphalie, entre Hamm et Paderborn, près d'Essen, où les Allemands forgent leurs armes? Autre concordance frappante avec la prophétie de Strasbourg.

31. — Démembrement de l'Allemagne. C'est en effet le seul moyen de se débarrasser du cauchemar pour l'avenir.

32. — La Turquie s'en mêle juste à temps pour faire ressortir ce verset.

33-34. — Paix, prospérité, renaissance de la religion (1).

CXXIII

LE DOCTEUR ALLAN

Le docteur Frank Allan, américain, au cours de sa carrière, a déjà prédit l'assassinat du président Mac Kinley, le tremblement de terre de San Francisco et enfin la guerre actuelle.

1. — D'après son horoscope de l'empereur allemand, il a conclu que la dynastie des Hohenzollern est perdue, et que le mois de décembre constituera pour elle la période la plus critique de son histoire.

2. — Le dernier événement heureux de la vie impériale doit se produire au début de novembre.

3. — Les dates les plus critiques pour le kaiser sont : du 7 au 13 octobre, du 31 octobre au 3 novembre ; le tout

(1) Au moment d'envoyer ces pages à l'imprimeur, je reçois une lettre de Péladan, qui me dit avoir trouvé cette prophétie en 1890 dans les papiers de son père. Il ajoute que celui-ci en avait parlé en 1870 à une autre personne. C'est la *réalisation* qui l'a décidé à la publier. Elle n'est donc pas faite pour la circonstance, et en est d'autant plus frappante.

couronné par une grande crise entre le 8 et le 31 décembre.
Là, il n'y a qu'à enregistrer et à attendre les événements.

————

CXXIV

MARIE MESMIN

Au Bouscat, à Bordeaux, une pauvre ouvrière, Marie
Mesmin, possède une statuette de la Vierge qui a répandu
des larmes et des parfums, et une statuette du Sacré-
Cœur au sujet de laquelle ceux qui suivent les phénomènes qui se passent chez elles m'ont envoyé une brochure dont voici les extraits les plus intéressants.

15 septembre 1914.

1. — Ce jour-là, comme tous les mardis et vendredis,
les personnes qui ont été témoins des *larmes* et *parfums*
merveilleux de Bordeaux s'étaient réunies dans le petit
oratoire du boulevard du Bouscat, à Bordeaux, et priaient.
Dans cet oratoire se trouve à côté de l'autel (côté de
l'Évangile) une statue du Sacré-Cœur, d'environ un mètre
de haut, dont la main droite ouverte, les doigts en bas,
laisse voir la plaie sanglante. Or ce soir-là, vers la fin de
la réunion, on s'aperçut que de la plaie semblait être sor-
tie une traînée de sang, et, en regardant de près, on put
observer quatre gouttes figées sur la main, entre la plaie
et les doigts, et quatre gouttes comme tombées de la
main sur les deux premières phalanges.
2. — C'est alors que Marie Mesmin rompit le silence
et dit aux assistants ce que Notre Seigneur lui avait dit,
il n'y avait qu'un instant, et que nous rapportons en
abrégé, de mémoire, seulement pour en indiquer le sens
général.
3. — Pauvres Français, disait Notre Seigneur, vous
vous réjouissez de la victoire, mais cette victoire, c'est

une victoire de deuil ! Vous ne voyez pas ce qu'elle coûte.
Si vous vous en rendiez compte, vous ne vous réjouiriez
pas et vous en verseriez des larmes.

4. — Vous ne voulez pas comprendre que cette victoire même fait partie des châtiments qui vous ont été
annoncés et vous ne voulez rien entendre. Vous vous
félicitez d'avoir vaincu des Allemands, que vous traitez
avec raison de barbares. Mais n'êtes-vous pas, vis-à-vis
de moi, plus barbares qu'eux, vous qui êtes mon peuple,
et qui vous acharnez à me faire souffrir ; vous qui me
chassez de chez vous, vous qui ne voulez plus me connaître et qui effacez mon nom de partout !

5. — Vos ennemis, malgré les cruautés qu'ils commet-
tent, sont plus excusables que vous, à qui j'offre mon
Sacré-Cœur et qui le repoussez. Au lieu de vous déclarer
soldats du Christ, et d'assurer ainsi le salut à ceux qui
tombent, vous combattez la haine au cœur ; et puis-je
ouvrir mon royaume à des âmes qui m'ont repoussé et
qui ne sont animées que de l'esprit de vengeance ?

Vous vous réjouissez d'une victoire si chèrement ac-
quise ; mais si vous aviez assisté au carnage, que de
larmes ne verseriez-vous pas ! Si vous aviez entendu sur
le champ de bataille les cris déchirants de ces milliers
d'agonisants, se tordant dans des souffrances de damnés,
pour tomber dans une éternité qui sera la continuation
de leurs supplices ! Si vous aviez vu ces monceaux de
cadavres de créatures humaines, pour qui j'ai donné mon
sang, entassées pour être brûlées, et entendu les hurle-
ments des malheureux blessés, considérés comme morts
et dévorés avec les morts par les flammes des brasiers !

6. — Ah ! si vous vous représentiez toutes ces horreurs,
certes vous ne vous réjouiriez pas et vous vous tourne-
riez vers moi, qui suis toujours prêt à vous ouvrir mes
bras, le jour où vous voudrez ouvrir les yeux. Pourquoi
ne le voulez-vous pas ? Voulez-vous donc vous laisser
détruire jusqu'au dernier, plutôt que de reconnaître que
vous avez mérité ce châtiment dans cette terrible guerre
qui ne va pas se terminer de sitôt que vous croyez ?

7. — Ma Sainte Mère ne vous a-t-Elle pas avertis des
autres fléaux qui vous menacent et qui seront plus

affreux encore? Pourquoi persister à servir le mauvais maître, qui vous martyrise ainsi, parce que vous vous êtes livrés à lui, et qui vous veut pour l'éternité? Alors que si vous imploriez ma miséricorde, si vous faisiez amende honorable à ma Sainte Mère, dont vous avez depuis tant d'années méprisé les avertissements, j'arrêterais tous ces maux présents et ceux qui vous menacent encore dans l'avenir.

8. — Pourquoi ne pas vous proclamer les enfants de ma Très Sainte Mère et les miens? Préférez-vous rester les esclaves de Satan et vous laisser tous détruire par lui, alors que je puis arrêter tous ces maux si vous venez à Moi?

9. — Les malheurs sont loin d'être terminés si nous ne les arrêtons pas par le retour à Dieu, auquel nous devons travailler sans relâche, faute de quoi nous verrons des choses terribles..., des massacres non seulement de personnes, mais d'enfants; nous venons déjà de voir un commencement de ces massacres d'enfants.

10. — Puis nous verrons surtout des massacres de prêtres. Il y en a eu déjà quelques-uns, mais ce n'est rien auprès de ceux qui menacent. Les mauvais voudront massacrer le clergé tout entier... La Révolution nous menace d'un jour à l'autre et nous surprendra au moment où nous nous y attendrons le moins.

. . . .

11. — Malgré ma faiblesse et mon état maladif (c'est Marie Mesmin qui parle), je partirais, s'il le fallait, n'importe où, même sur le champ de bataille, sans me soucier du danger, pour crier partout qu'on arbore l'image du Sacré-Cœur et celle de Marie en larmes. A ce prix seulement nous aurons le salut!

12. — Les Allemands, qui menaçaient Paris, se sont éloignés. Ils ont été empêchés d'avancer par les prières des Saints et des Saintes de France, auxquels se sont jointes quelques victimes qui se consument dans la prière, et qui ont obtenu ce sursis.

13. — Mais qu'on ne s'y trompe pas, si l'ennemi s'est écarté, voyant que Paris s'était en grande partie vidé, il nourrit le projet d'y revenir au moment où, croyant que

le danger est passé, on y sera rentré. Et alors, quel carnage ! Tout sera à feu et à sang ! Jamais on n'aura vu pareille horreur ! Voilà ce que les Allemands projettent et ce qui arriverait si l'on ne veut rien entendre et si l'on rejette encore les derniers avertissements de la Très Sainte Vierge.

14. — Que chacun donc s'emploie à les propager et fasse autour de soi les plus grands efforts pour obtenir qu'on mette dans le drapeau de la France l'Image du Sacré-Cœur, ainsi que Notre Seigneur l'a demandé il y a plus de deux cent vingt ans, et qu'on ajoute celle de la Très Sainte Vierge en pleurs, qui est venue une dernière fois nous donner cet avertissement.

Nous trouvons là, si je puis m'exprimer ainsi, la note biblique, le prophète qui, parfois, exagère pour mieux frapper. Mais cette exagération n'est que relative. Il est évident, à notre point de vue de catholiques, que l'irréligiosité croissante du peuple et de ceux qu'il a nommés pour le gouverner est pour beaucoup dans ce qui nous frappe — les soldats sentent du reste que le retour aux vieilles croyances s'impose : les manifestations de piété sur la ligne de combat sont innombrables ; on voit fréquemment des troupes entières, officiers en tête, assister de leur plein gré à la messe d'un prêtre soldat.

Nous pouvons donc dire qu'en une certaine mesure nous tenons compte des avertissements d'En Haut ; — mais ne nous arrêtons pas en chemin ; continuons à prier et à nous humilier. — Si nous avions été capables de ce prodige d'une conversion en masse, comme le demande le Christ, n'aurions-nous pas vu les Allemands, comme à Tolbiac, faire demi-tour, en proie à une panique soudaine ?

Tout est possible en ce monde, surtout le surnaturel, qui, à notre époque de soi-disant incrédulité, règne plus que jamais; croyons donc au surnaturel divin, le seul vrai, et faisons en sorte, par nos actes, qu'il se manifeste.

A noter :

Verset 10 : la menace de la Révolution qui suivra la guerre, et verset 13, celle des Allemands revenant à la faveur de cette crise pour brûler Paris. Au verset 14, Marie Mesmin termine en adjurant qu'on mette le Sacré-Cœur sur les drapeaux français. Elle rappelle que Notre-Seigneur, par l'entremise de la bienheureuse Marguerite-Marie, l'avait demandé à Louis XIV, auquel elle avait prédit la défaite, la décadence et la ruine de sa race, s'il ne le faisait pas. Louis XIV n'a pas voulu : la fin de son règne a été misérable ; Louis XV a perdu le prestige de la royauté, dont Louis XVI a laissé crouler l'autorité sur l'échafaud.

Il s'agit maintenant encore plus qu'alors de nos rois, il s'agit de la France même. Nous verrons du reste la même adjuration reproduite dans la prophétie suivante.

Combien de Français à l'heure actuelle, aussi bien sur le front que dans les familles où l'on pleure la mort d'êtres chers et où l'on attend le retour des absents, désirent voir se déployer l'étendard du Sacré-Cœur !

CXXV

FRÈRE JACQUES

Ami et parent de Maximin de la Salette, celui que j'appelle *frère-Jacques* pour mieux sauvegarder son incognito m'est bien connu. Maximin, qu'il fréquentait beaucoup, lui apprit beaucoup de choses sur l'avenir ; lui-même, modeste et pieux, me semble animé d'un véritable esprit prophétique. Au commencement des années 1912, 1913 et 1914, il m'envoya ses pronostics pour l'année qui s'ouvrait. Je les envoyai à *l'Echo du Merveilleux*, où on peut les retrouver dans un des numéros de février. Ils se sont toujours réalisés de façon assez satisfaisante : ceux de 1914 annonçaient le scandale Caillaux et la guerre. Il est difficile de tomber plus juste.

Aussi, lorsque j'entrepris cette brochure, ma première idée fut de lui écrire pour lui demander ses prévisions, et j'en reçus la réponse suivante :

1. — Je crains fort que nous n'en ayons pas fini avec nos maux : sans doute nous vaincrons dans cette infernale guerre, mais il est bien à craindre que dans l'ivresse du triomphe on oublie que c'est Dieu qui donne la victoire. On vantera l'excellence de nos vertus guerrières, la précision de notre admirable 75, et ce sera tout.

2. — Si notre conversion est sincère, nos maux finiront avec la guerre; sinon nous aurons la guerre civile, et le reste.....

3. — Or, les Secrets de la Salette, si bien réalisés jusqu'à présent, sont formels !

4. — Donc, nous aurons encore bien à craindre, et, comme toujours, ce sera de notre faute.

5. — Le clergé recevra, lui aussi, ce qui lui revient — *religio depopulata* (1). On s'est trop moqué (dans le clergé et dans le monde religieux surtout) des Secrets de la Salette : on en dit toute espèce d'horreurs. Aujourd'hui on le paye.

6. — Nous serons sauvés comme nation, mais à quel prix !

7. — Le gouvernement ayant refusé de participer officiellement aux prières publiques se met par là le Ciel

_____

(1) Mon rôle de compilateur m'oblige de reproduire cette phrase, uniquement à titre de document!

contre lui et c'est grand dommage, car ce sera nous qui paierons les pots cassés.

8. — Dans une apparition à Bordeaux au mois de juillet 1914, la Très Sainte Vierge disait qu'avec beaucoup de prières, si on mettait l'image du Sacré-Cœur sur nos drapeaux, la France serait victorieuse au premier coup de canon. Je crois bien qu'une démarche en ce sens a été faite, mais elle n'a pas abouti, aussi la guerre dure, dure, dure, et quels ravages !

9. — Nous n'avons qu'à prier, faire pénitence, et nous battre tant que nous pourrons.

Notes :

1. — Promesse de victoire.

2. 3. 4. — Menace de guerre civile — encore et toujours — faisons-y attention, ne nous disputons pas entre nous, et nous, catholiques, obéissons aux recommandations d'En Haut.

5. — Punition du clergé, annoncée par bien d'autres prophéties.

6. — Heureusement que la France se retrouvera un jour, mais dans quel état ! si après les désastres de la guerre elle a encore à lutter contre elle-même dans presque toutes les grandes villes et peut-être dans beaucoup de campagnes ! Et les catastrophes physiques qui peuvent se produire !

7-8. — Il aurait été facile de faire tout cela, si le gouvernement l'avait voulu, et de le faire en contentant tout le monde : il n'avait qu'à se faire représenter aux prières publiques comme il s'est fait représenter le jour des Morts à Notre-Dame, et laisser les colonels libres de l'addition du Sacré-Cœur aux drapeaux.

CXXVI

LA PRÉDICTION DE VERNYHORA

Elle parut en septembre 1914, due à la plume de M. Sarrazin, juge de paix à Meyzieu (Isère); je ne fais que copier avec ses commentaires l'article que celui-ci lui a consacré.

Ces commentaires ont l'avantage de donner l'impression très juste de la façon-dont il faut accueillir les prophéties en général.

Diverses prophéties ayant trait à la guerre actuelle ont paru ces temps-ci dans les journaux. Doit-on les dédaigner et les rejeter en bloc, comme certains seraient tentés de le faire?

Je ne le crois pas. A la vérité, j'ai remarqué que les prédictions relatives aux grands événements d'ici bas, et qui émanent de voyants auxquels une faculté d'intuition aussi mystérieuse et indéniable que le don d'inspiration prophétique permet de lire dans l'invisible, — j'ai remarqué, dis-je, que ces prédictions contiennent presque toujours des parties vagues ou fausses. Seraient-elles donc, de ce chef, totalement frappées de discrédit? Il n'en est rien, à mon sens, et j'estime au contraire qu'on peut faire fond sur elles, mais à la condition qu'elles présentent un caractère incontestable d'authenticité, que quelque chose des événements qu'elles annoncent se soit déjà réalisé, et qu'il s'y trouve certains traits dont la vérité saute aux yeux; des traits tels qu'ils forcent notre créance, tout au moins sur la valeur *générale* de la prédiction.

Et c'est bien le cas pour une prophétie à peu près inconnue en Occident, mais fameuse dans l'Europe orientale, et notamment en Pologne, où elle a cours depuis cent quarante ans dans toutes les classes de la nation. Je veux parler de la prédiction de Vernyhora. Vernyhora est un personnage historique dont la vie nous a été racontée par son compatriote Michal Gaykowski, émigré de 1830, grand sabreur devant l'Eternel, et l'un de ces « Pachas polonais », — comme on les appelait, — qui, après 1849, émigrèrent en Turquie et mirent leur épée au service du Sultan. Il s'illustra en contribuant, en 1855, à l'héroïque défense de Silistrie. Ecrivain et soldat, il nous a laissé sur Vernyhora le volume auquel je viens de faire allusion et qui parut en 1838, à Paris.

Vernyhora vivait au XVIII° siècle. Il était agriculteur, barde, et guerrier. Il s'affilia à la tribu des Cosaques Zaporogues, tout en faisant valoir sa ferme de Korsun. Son existence offre le type de cette épique et fruste beauté — rehaussée ici de pittoresque oriental, — qu'on ne rencontre plus guère parmi les sociétés vieillies, mais qui para les jeunes civilisations : il fraternisait avec tous et fréquentait les nobles, mais protégeait les serfs ; chantait la messe orthodoxe, sans renoncer au catholicisme; possédait de l'argent, des armes richement ciselées, des étoffes de soie, des chevaux, des chiens de chasse et cent ruches d'abeilles, mais ne voulut qu'un seul serviteur, qu'il considérait comme un frère. Lors des affreux massacres de Human, il rappela les paysans à leur devoir. A ces deux derniers traits, ou reconnaît un de ces chrétiens évangéliques que les grands génies et les grands cœurs de la race slave, un Mickiewcz, un Krasinski, un Tolstoï, un Vladimir Solowief, préoccupés avant tout d'idéal moral, ont choisis comme modèles, et qu'ils ne cessent de proposer à l'imitation des hommes.

Ce guerrier d'Ukraine était un lettré : il parlait les langues orientales et lisait les Ecritures. Et c'était aussi un voyant, un prophète. Peu avant sa mort, arrivée en 1770, il prévit que la Pologne serait démembrée et fit la prédiction qui me fournit le sujet de cet article. Des femmes et des mères étaient venues le consulter : elles voulaient connaître le sort qui attendait les confédérés de Bar. Il entra en extase et leur dit :

1. — « Pauvre Pologne, pauvre Ukraine ! les pays lointains se peupleront de vos fils : la Nation sera déchirée comme un linge. Mes larmes longtemps inonderont cette terre, et les agonisants lutteront avec les cadavres. »

2. — « Père Vernyhora, que faut-il faire pour réparer le mal ? » demandaient les femmes.

— « Aimez les Polonais comme des frères et la Pologne comme une mère. »

— « Nous sommes prêts au sacrifice. Mais quand viendra le triomphe ? »

3. — « La souffrance est le partage de l'homme sur la terre, » dit-il. « Pourtant, ton sort est grand, ma patrie ! Pour le moment tu as une triste destinée. Trois oiseaux de proie trois fois te déchireront ; tu tomberas ; ton sang coulera et tu seras sous le joug.

4. — Après bien des années, un colosse de l'Occident (Bonaparte) te donnera une lueur d'espérance. Les Polonais lutteront, mais leur rêve de liberté s'évanouira comme l'étoile filante.

5. — La nation ne ressuscitera pas avant que l'aigle blanc ne soit allé chercher un abri ailleurs, loin, bien loin !

6. — La Pologne entière sera soumise à un joug terrible pendant de longues années, jusqu'au moment où une guerre générale s'allumera au sujet d'un petit pays. Le temps viendra où l'Anglais jettera son or, où le Français prêtera son appui, et où le Musulman abreuvera son cheval dans les eaux du fleuve Horyn... »

J'ai détaché ces phrases de l'ensemble des passages de

la prédiction reproduits par divers livres de ma bibliothèque où il est question çà et là du barde d'Ukraine : les
traits sont nets, comme on voit, et on distingue le lien qui
les rattache aux événements actuels ; mais voici qui est
plus étrange et plus saisissant encore :

7. — « Quand la cinquième année du second siècle
(c'est le nôtre) viendra, la Russie sera inondée de sang :
un peuple jaune, venu d'Orient, la vaincra...

8. — « Le dernier roi d'Allemagne aura la main desséchée et montera à cheval du côté opposé (Guillaume II).
La treizième année du second siècle (1914), son fils sera
tué aux portes de Berlin. Cette même année, la Pologne
ressuscitera... »

Je n'ai voulu donner, dans ce résumé de la prédiction
du barde-guerrier d'Ukraine, que ceux des détails qui
m'ont semblé tout à fait impressionnants, et au point que
je ne doute pas qu'ils frappent le lecteur autant qu'ils
m'ont frappé moi-même. D'autres traits au contraire sont
faux, et de toute impossibilité. Mais qu'importe ? Je crois
que l'esprit prophétique voit *par grandes visions confuses*, par série d'éclairs qui replongent aussitôt dans la
nuit, et que, parmi ce désordre d'événements qui passent,
rapides, et brûlent les yeux du voyant ainsi que de rouges rafales, ce dernier peut se tromper et prendre, par
exemple, les chevaux cosaques pour les chevaux turcs.
Qu'importe encore une fois ? Une prédiction n'a rien de
commun avec une démonstration mathématique, et il
s'agit ici de vérités qui *se sentent*, non de vérités qui se
prouvent. Ne devons-nous pas du reste désirer de tout notre cœur que de telles prophéties se réalisent, puisqu'elles
nous annoncent la victoire ? Ah ! puisse celle de Vernyhora s'accomplir tout entière jusqu'au bout, y compris,

bien entendu, la mort de ce Kronprinz, qui fut l'un de nos plus cruels ennemis!

Gabriel SARRAZIN,
Juge de paix de Meyzieu.

L'interprétation est facile :

Défaite et décadence de la Pologne (1, 2), ses trois partages entre la Russie, la Prusse et l'Autriche (3), l'espoir de relèvement que les Polonais conçurent sous Napoléon Ier (4), l'abri lointain de l'Aigle Blanc (5) signifie évidemment la grande extension de l'Empire russe, la guerre générale au début de laquelle le czar annonce qu'il restaurera la Pologne, l'alliance anglo-franco-russe (6), la guerre de Mandchourie (7), Guillaume II, sa défaite et la mort de son fils (8). Seule erreur, toujours sur les dates : 1913 au lieu de 1914. On verra dans la prophétie suivante que la voyante de Fiensberg avait aussi annoncé en 1913 ; un artifice lui a permis d'étendre sa prédiction jusqu'en 1914.

CXXVII

LA PRÉDICTION DE FIENSBERG

Guillaume Ier, encore prince de Prusse, connaissait la prophétie de Lehnin (voir « Demain... ? », xcviii), dont nous reparlerons du reste plus loin, et il se demandait s'il serait bien celui que le moine désignait comme « le fils aux jours prospères » et ce que seraient ces « coups de fortune » « qu'il n'aurait jamais osé espérer ».

Il avait entendu parler de la voyante de Fiensberg. Un jour qu'il se trouvait dans les environs du village il la fit venir à l'hôtellerie où il était descendu et la reçut en présence de son aide de camp et deux officiers d'ordonnance.

Et voici comment est racontée l'entrevue :

1. — Le prince s'était assis devant une table. La voyante, après différents préliminaires, promena son crayon sur une série de chiffres disposés en cercle.

2. — Quelle sera ma destinée? demanda le prince héritier.

— Vous serez un jour empereur d'Allemagne.

— Ah! fit le prince ému... en quelle année?

La voyante écrivit le chiffre de l'année où on se trouvait (qui était 1849), puis, au-dessous du 9, le même chiffre disposé verticalement.

$$1\ 8\ 4\ 9$$
$$9$$
$$1$$
$$8$$
$$4$$
$$9$$

— Ajoutez ces chiffres, dit la voyante, et vous aurez l'année.

L'addition donna 1871.

3. — A quel âge mourrai-je? redemanda le prince.

La pythonisse écrivit 1871 et après le dernier chiffre écrivit les mêmes verticalement.

$$1\ 8\ 7\ 1$$
$$1$$
$$8$$
$$7$$
$$1$$

L'addition donna 1888.

Mais se souvenant des prédictions d'Hermann, le prince demanda :

4. — Combien durera cet empire?

Comme elle l'avait fait deux fois, la devineresse écrivit le dernier nombre obtenu : 1888, puis disposa au-dessous le même nombre verticalement.

$$1\ 8\ 8\ 8$$
$$1$$
$$8$$
$$8$$
$$8$$

Le prince trouva ainsi l'année 1913.
— Ces dates sont-elles irrévocables ? dit-il.
— Oui, sauf la dernière.
— Comment cela !
La devineresse écrivit le dernier chiffre, mais non seulement dans le sens de l'addition.
— Additionnez ces chiffres, dit-elle.
— 14, dit Guillaume.
— C'est cela 1913 ou 19...14.

Le futur empereur fit rédiger sur parchemin la prophétie et la fit signer par son aide-de-camp et les deux officiers.

La brochure qui rend compte de ces détails ajoute :

« Le prince royal sortit satisfait. »

Il avait quelque raison de l'être, à son point de vue personnel. En effet, en 1871, Guillaume a été couronné empereur et il est mort en 1888.

Il reste à s'accomplir la dernière phase de la prédiction.

Se réalisera-t-elle ? Ce qu'il y a de certain, c'est que, en Allemagne, en Alsace-Lorraine, tout le monde connaît ces prophéties et que Guillaume II lui-même en était hanté.

CXXVIII

LA PROPHÉTIE DE LEHNIN OU D'HERMANN

(XCVIII DE « DEMAIN... ? »)

Dans « Demain...? » j'ai cité cette prophétie si connue en Allemagne et j'en ai cité les sept derniers vers. Elle date du milieu du XIIIe siècle, et son authenticité a été maintes fois démontrée.

Jusqu'à la fin du règne de Guillaume II, elle s'est réalisée point par point. Pour compléter ce que j'en ait dit, je vais la reprendre depuis le règne de Frédéric II : ce sont les vingt derniers de ses cent hexamètres latins.

81 à 84. — Bientôt le jeune guerrier frémit, tandis que la noble princesse gémit au moment de devenir mère. Qui pourrait cependant porter remède aux profondes plaies de l'Etat? Il aime à déployer son étendard, mais quels douloureux destins il lui faudra subir! Quand soufflera ici le vent de l'Auster, c'est aux cloîtres qu'il confiera sa vie.

Frédéric II (1740-1786), frémissant de conquêtes et aimant à déployer son étendard, lutte contre Marie-Thérèse d'Autriche, enceinte. Pendant la dernière guerre de Silésie, poursuivi par des hussards autrichiens (Auster), il fut obligé de se cacher sous le froc d'un moine dans l'abbaye de Camentz.

85 à 88. — Le successeur imite la perversité de ses aïeux, plus pervers lui-même. Ni force dans le souverain ni religion dans ses sujets. L'auxiliaire dont il réclame le secours agit à l'encontre de ses propres intérêts; et lui meurt dans les ondes, brouillant tout et confondant les extrêmes opposés.

Incapacité de Guillaume II (1786-1797), son fils. L'auxiliaire est le duc de Brunswick, qui, manquant la campagne de Valmy, agit à l'encontre des intérêts du roi, lequel mourut à Wasser-Palast (Palais des Eaux).

89. — En ces temps, le peuple gémira dans la tristesse et l'abattement.

Deux règnes dans un seul vers : Frédéric-Guillaume III (1797-1840) et Frédéric-Guillaume IV (1840-1861). C'est l'époque où le peuple allemand, abattu par la campagne d'Iéna, gémira et se recueillera pour se relever au règne suivant.

90 à 92. — Le fils aura des jours prospères. Il possédera ce qu'il n'aurait jamais osé espérer, car je vois s'approcher le temps où s'accompliront d'étonnants coups de fortune, et le prince lui-même ignore l'accroissement que prendra sa nouvelle puissance.

Règne glorieux de Guillaume III, qui n'aurait jamais espéré devenir le maître de l'Allemagne du Nord et devenir Empereur sous le nom de Guillaume Ier (1861-1888). Le règne de son fils Frédéric, qui dura à peine, est passé sous silence.

93. — *Tandem sceptra gerit qui stemmatis ultimus erit.* Enfin tiendra les sceptres celui qui sera le dernier de la race.

Guillaume II, l'Empereur actuel, qui sera donc *le dernier des Hohenzellern.*

94. — Israël tente un exécrable forfait que la mort seule peut expier.

Quel sera ce forfait causé probablement par des Juifs ? L'avenir nous le dira.

95 à 100. — Alors le pasteur récupère son troupeau, la Germanie ses rois. La Marche, pleinement consolée de ses longs malheurs, étreint dans ses bras ses enfants affranchis du joug de l'étranger. Les murs antiques de Lehnin et de Cherin se relèveront. Le clergé resplendira de l'ancien éclat et les brebis ne craindront plus la dent du loup ravisseur.

L'Allemagne redevient catholique. Ses différents Etats retrouvent leur autonomie. La Marche de Brandebourg, autrement dit la Prusse, n'a plus les Hohenzellern comme monarques. Comme suite à la restauration religieuse, les anciens couvents de Lehnin et de Cherin seront reconstruits.

**

Avant de terminer ce travail, nous allons revenir à quelques prophéties de « Demain...? » qui me paraissent mériter d'être rappelées. Je leur donnerai les numéros qu'elles avaient dans mon livre, auquel on fera bien de se reporter.

XCIX

PROPHÉTIE DE STRASBOURG OU DE MAYENCE

Appelée dans « DEMAIN...? » curieuse prophétie allemande.

Elle était connue dès le commencement du XIX⁰ siècle, et parut dans un ouvrage publié par le professeur Steffen, de Strasbourg, en 1854.

1. — Lors donc que ce petit peuple de l'Oder se sentira assez fort pour secouer le joug de son protecteur et que l'orge aura poussé des épis, son roi Guillaume marchera contre l'Autriche.

2. — Il ira de victoire en victoire jusqu'aux portes de Vienne, mais un mot du grand empereur d'Occident fera trembler le héros et l'orge ne sera pas rentrée qu'il signera la paix.

La campagne dont il est question est celle d'Autriche en 1866. Elle fut des plus rapides. « Lorsque l'orge aura poussé des épis » la Prusse se mit en campagne et l'orge n'était pas rentrée que la paix était signée.

3. — Mais voici qu'entre la rentrée de la quatrième orge et celle de l'avoine un bruit formidable de guerre appellera les moissonneurs aux armes. Une armée innombrable se mettra en route vers l'Occident.

La guerre de 1870 eut lieu, en effet, quatre années (4ᵉ orge) après celle de 1866 et elle fut déclarée en juillet, c'est-à-dire entre la rentrée de l'orge et celle de l'avoine.

4. — Malheur à toi, grande Nation, malheur à vous qui avez abandonné les droits divin et humain.

5. — Napoléon III, se moquant d'abord de son adversaire, tournera bride vers le Chêne-Populeux, où il disparaîtra pour ne plus reparaître.

Le Chêne-Populeux est dans les Ardennes, près de Sedan.

6. — Malgré l'héroïque résistance des Français, une multitude de soldats bleus, jaunes, noirs, se répandra sur la France.

C'est l'invasion terrible de 1870 par les Prussiens, les Bavarois, les Saxons, les Wurtembergeois, etc.

7. — L'Alsace et la Lorraine seront réunies à la France pour un temps et un demi-temps.

Si l'année 1915 voit se signer le traiter le paix, ce temps et ce demi-temps feront 45 ans. Le temps serait de 30 ans et le demi-temps 15 ans.

8. — Les Français ne reprendront courage que contre eux-mêmes.

La Commune de 1871, ou, selon d'autres interprétateurs, la Révolution annoncée.

9. — Malheur à toi, grande ville, malheur à toi, cité du vice. Le fer et le feu succéderont au feu et à la famine.

Ceci peut indiquer l'incendie de Paris pendant la Commune, mais peut aussi indiquer la destruction annoncée de Paris par le feu, si nous interprétons que le prophète a voulu distinguer entre la famine du siège de 1870 jointe au feu de la Commune, et le fer et le feu de la destruction à venir.

10. — Courage, âmes fidèles, le règne de l'ombre n'aura pas le temps d'exécuter tous ses projets.

Voici la promesse de relèvement.

11. — Mais voici que le temps des miséricordes approche. Un prince de la nation est au milieu de vous. Soudain, il unira le Coq et le Lys (1), et il montera un cheval blanc du côté gauche, attendu qu'il boite de la jambe droite (2).

C'est le grand monarque annoncé par les prophéties. Mais ce texte a dû subir une interpolation intéressée, car, au moment de l'union des Bourbons et des Orléans, le prince boiteux concernait le comte de Chambord. Il faudrait consulter le texte de 1854. Du reste, si le comte de Chambord n'a pas été le Grand Roi, c'est qu'il ne l'a pas voulu.

12. — C'est l'homme de Dieu, l'homme du salut, le sage, l'invincible, il comptera ses entreprises par des victoires.

Rien ne nous empêche d'appliquer ce verset au général Joffre : peut-être d'ici la fin de la guerre surgira-t-il quelqu'un à qui on pourra bien plus exactement appliquer la prophétie.

(1) Reportez-vous à la prophétie d'Orval (Demain... ?, XXV), qui dit : « Joignez le Coq à la Fleur Blanche. »
(2) Il doit y avoir erreur, on monte toujours à cheval à gauche, et l'infirmité du prince doit l'obliger à monter à droite.

13. — *Il chassera l'ennemi de France, il ira de victoire en victoire jusqu'au jour de la justice divine.*

14. — *Ce jour-là il commandera à sept espèces de soldats contre trois, au quartier des Bouleaux, entre Ham, Wœrl et Paderborn.*

En effet, Anglais, Belges, Russes, Japonais, Serbes, Monténégrins, Français soutiennent la même cause. Les lieux des batailles prochaines se précisent.

15. — *Malheur à toi, peuple du Nord, la septième génération répondra de tes forfaits.*

16. — *Trois fois le soleil passera au-dessus de la tête des combattants sans être aperçu à travers les nuages de fumée.*

17. — *Enfin, le chef remportera la victoire ; deux de ses ennemis seront anéantis. Le reste du troisième fuira vers l'Orient.*

Deux ennemis seront anéantis : l'Allemagne et l'Autriche. Mais quel est le troisième qui fuit vers l'Orient ? Ne serait-il pas la Turquie, aussi nettement désignée que possible ?

18. — *Guillaume, le deuxième du nom, aura été le dernier roi de Prusse. Il n'aura d'autres successeurs qu'un roi de Pologne, un roi de Hanovre et un roi de Saxe.*

Au moment où la guerre a éclaté, cette partie de prédiction n'aurait pas été comprise. Aujourd'hui, l'ukase du Tsar, promettant la reconstitution de la Pologne, éclaircit tout, et le prophète a même prévu cette reconstitution.

Donc, d'après le prophète de Mayence, l'hégémonie de la Prusse en Allemagne est finie. Il n'y aura plus de roi de Prusse, mais quelques empereurs d'Allemagne, qui ne seront pas des Hohenzollern.

C

LE FRÈRE ANTOINE

Le frère Antoine, ermite près d'Aix-la-Chapelle, fit, en 1858, les prédictions dont je vais donner un résumé. On n'aura qu'à se reporter à « Demain...? » pour les trouver *in extenso*.

Guerre d'Italie. Confédération germanique et événements de 1866. Guerre de 1870-1871. Prise de Rome par les Italiens. Oubli de l'armée de Bourbaki au moment de l'armistice. Kulturkampf.

En 1871, le frère Antoine décrit la future guerre franco-allemande ; il fait erreur en croyant les Russes avec les Allemands et les Autrichiens avec les Français, erreur qui s'explique par une confusion dans le souvenir des visions qu'il a eues, et qui prouve une fois de plus que toute prophétie est un mélange de choses justes et de choses erronées. Seule, la concordance de plusieurs prophéties donne des aperçus sur lesquels on peut tabler.

Dans cette guerre, nous avons les Italiens avec nous ; ils ne se sont pas encore déclarés, il est vrai, mais la légion garibaldienne, qui vient de partir pour le front, réalise déjà cette prévision.

Première victoire française près de Strasbourg ; deuxième près de Francfort ; ensuite, lutte terrible, avec la coopération des Russes et des Autrichiens, autour de Siegbourg ; bombardement de Cologne, victoire définitive en Westphalie. Election d'un nouvel Empereur d'Allemagne. Guerre entre la Russie et la Turquie, mais l'année suivante, Constantinople aux Russes. Enfin, l'Angleterre éprouvée par la guerre.

En plus de son erreur au sujet des alliés, le frère Antoine retarde la coopération des Turcs et des Anglais.

CI

PROPHÉTIES POPULAIRES EN ALLEMAGNE OU PROPHÉTIE DE WŒRL

Bataille sanglante contre une armée redoutable venue de l'Orient, entre Unna et Hamm ou entre Unna et Wœrl, voir les détails dans « Demain...? ».

CIV

PROPHÉTIE DE M. X... (1869)

Je renvoie toujours à mon livre pour les détails. En résumé : engin de guerre formidable, ou le 75 ou la turpinite. Essai avorté d'intervention hostile des Italiens. Fin de la domination germanique. Restauration de la Pologne. Avènement du Grand Roi.

CONCLUSION

—

J'ai fini, n'ayant pas voulu en mettre trop long ; il est du reste facile au lecteur de compléter ses connaissances par la lecture de « Demain ?... », où il ne pourra, je ne saurais assez le répéter, être que frappé par les concordances inouïes de prophètes qui manifestement ne se sont jamais connus.

Toutes les prophéties y ont leur intérêt, et toutes, ou à peu près, parlent de l'époque actuelle.; les plus frappantes, en plus de celles dont j'ai reparlé ici, sont : le Secret de la Salette (I), Orval (XXV), Olivarius (XXVI), Prémol (XXVII), où on pourra s'amuser, à l'aide de la clef, à calculer la date des événements prochains — calcul toujours aléatoire du reste ; la prophétie de Blois (LVII), l'abbé Souffrand (LIX), le P. Bobola (LXII), le curé d'Ars (1) (LXXXVIII), etc..., etc.

Je recommande aussi la lecture attentive de l'avant-propos, qui, complété par la préface de cette brochure,

---

(1) En toute loyauté, nous devons reconnaître qu'une partie des prophéties du vénérable curé d'Ars a été récemment contestée.

indique comment il faut comprendre les prophéties et de quelle façon les accepter.

J'ai indiqué, en commençant, comment nous pourrions arriver à atténuer ou même supprimer ce qui nous menace ; plût à Dieu que nous eussions le courage d'essayer ! Mais je crains bien que l'incrédulité d'une part, le respect humain de l'autre ne l'emportent.

Fin novembre 1914.

APPENDICE

RECHERCHE DES DATES. — ÉTUDE PAR NÉBO.

Si on se reporte au chapitre CXXIV de « Demain.. ? », on est premièrement frappé par les trente-cinq ans et plus du Secret de la Salette, qui, si on les fait partir, comme il est plausible, de l'avènement de la république radicale et du commencement de la persécution religieuse, en 1879, nous donnent :

$$1879 + 35 = 1914 \text{ (p. 424)}$$

Plus loin, on rencontre un résumé des calculs de Nébo, des plus intéressants, où lui aussi trouve fréquemment 1914.

Il a du reste bien voulu se mettre en relations avec moi, et je lui passe la plume en le priant de développer ici quelques-unes de ses idées si troublantes sur les phénomènes de prévision astrologique.

Sur le calcul astrologique des phénomènes historiques

Dans une série d'articles publiés de 1902 à 1910, je me suis efforcé d'appliquer les études astrologiques à la prévision des événements historiques. Je suis arrivé ainsi, petit à petit, en perfectionnant graduellement les méthodes et les procédés de calcul, à établir certaines relations générales relatives à la production des phénomènes.

M. de Novaye a déjà résumé très aimablement, en 1905 une partie de ces études, comme on peut le voir à la fin de son livre sur les prophéties. On y trouve, en particulier, un tableau où l'on peut se rendre compte des relations, remaquablement précises, qui existent entre les *grandes périodes historiques du XIX° siècle* et les situations d'Uranus et de Neptune.

Depuis 1905, j'ai pu améliorer encore les procédés de calcul, et obtenir les dates avec une plus grande précision. On peut trouver, dans *l'Echo du Merveilleux* de décembre 1909, deux articles relatifs aux *grandes périodes du XX° siècle,* où l'état de ces études est nettement déterminé.

Si l'on veut bien se reporter à ces publications, on y verra que de 1900 à 1912 devait se produire dans le monde une période socialiste et révolutionnaire ; ce qui a parfaitement correspondu à la réalité. En France, le pouvoir a été pendant toute cette période aux mains des radicaux et des socialistes. En Turquie, en Perse, en Chine, au Portugal, au Mexique, des révolutions se sont produites qui ont renversé les gouvernements établis et mis les révolutionnaires en possession du pouvoir.

Cette période devait prendre fin vers 1912, et à partir de 1914 devait commencer une nouvelle période, dite impériale et patriotique, qui doit amener l'anéantissement des socialistes et l'établissement d'un régime basé sur le pouvoir personnel.

Ainsi à la page 432 du livre de M. de Novaye, on peut lire : *Ce futur roi, reproduction astrale de Napoléon I*er, *commencera à se manifester en 1914 et sera définitivement couronné en 1916 ou 1917.*

On voit donc que la transformation de l'état social était nettement prévue comme devant commencer en 1914, c'est-à-dire en l'année même où nous sommes. Or, tout le monde peut reconnaître que la modification est en train de s'accomplir par l'intermédiaire de l'effroyable guerre que nous subissons actuellement.

Cette transformation est la véritable raison d'être de cette guerre et des massacres qui l'accompagnent. C'est par elle, c'est par eux, que le changement est en train de se réaliser.

Comme on peut se rendre compte de la grande impor-
tance de ce point vue, qui explique les événements actuels,
je vais reproduire ici un tableau, que j'ai publié en 1909, et
qui a trait aux relations d'Uranus et de Neptune avec les
événements historiques du xxᵉ siècle, présents ou à venir.

Je rappellerai, pour la compréhension de ce tableau, que
les phénomènes historiques se rattachent à quatre grandes
périodes politiques, qui se reproduisent successivement, et
qui sont en relation avec les situations d'Uranus et de Neptune par rapport aux régions zodiacales d'air et de feu.

1º *Période socialiste et révolutionnaire.* Symbole FA.

Uranus est en région de feu, et Neptune en région d'air.

2º *Période impériale et patriotique.* Symbole AF.

Uranus est en région d'air, et Neptune en région de feu.

3º *Période désastreuse, puis restauration.* Symbole FF.

Uranus et Neptune sont tous deux en région de feu.

4º *Période pacifique, années heureuses.* Symbole AA.

Uranus et Neptune sont tous deux en région d'air.

Ces grandes périodes sont réunies dans le tableau suivant,
avec les dates correspondantes pour tout le xxᵉ siècle.

On peut se rendre compte, sur ce tableau, qu'en 1914 nous
sommes sur la limite entre la première période, dite socialiste, et la deuxième période, dite impériale et patriotique.

Il fallait donc qu'un grand changement se produise dans
les idées et les habitudes du pays pour passer de la première période à la seconde. On pouvait se demander comment cette transformation, si invraisemblable, pourrait arriver à se réaliser ?

L'expérience a répondu : elle s'effectue par l'intermédiaire
de la grande guerre qui s'est abattue sur l'Europe, et par les
massacres qu'elle comporte.

On peut déjà se rendre compte actuellement combien les
idées ont été modifiées par cette guerre, si on les compare à

Uranus et Neptune dans les régions d'air et de feu

DATES	RÉGION D'URANUS	RÉGION DE NEPTUNE	PÉRIODES	ÉVÉNEMENTS CORRESPONDANTS
1900 à 1912	F	A	Période socialiste et révolutionnaire	En France, socialistes au pouvoir, révolution en Turquie, en Perse, en Chine, au Portugal, au Mexique
1914 à 1924	A	F	Période impériale et patriotique	Guerre et transformation actuelle; roi ou empereur
1928 à 1938	F	F	Période désastreuse, puis restauration monarchique	Guerre. Soulèvement de la populace. Massacres, puis réaction violente.
1942 à 1954	A	A	Période pacifique années heureuses	Monarchie constitutionnelle ou république modérée
1956 à 1969	F	A	Période socialiste et révolutionnaire	
1973 à 1983	A	F	Période impériale et patriotique	
1985 à 1998	F	F	Période désastreuse puis restauration	
2004 à 2016	A	A	Période pacifique années heureuses	

celles qui existaient il y a quelques mois. On peut appré-
cier par là combien sera grande la modification lorsque plusieurs millions d'hommes auront été tués dans toute l'Europe.

Le tableau ci-contre indique que la période impériale et
patriotique devait débuter en 1914 et se développer jusqu'en
1924 environ. Il est intéressant de chercher à entrer dans
quelques détails sur les événements qui y correspondront.

Le fait principal, c'est qu'il doit se produire, au cours de
cette période, l'avènement d'un roi ou d'un empereur.

Si on applique le cycle astral 114 à 118 ans au coup d'Etat
du 18 Brumaire, qui a conduit Napoléon au Consulat, puis à
l'Empire, on trouve

Consulat......	1800 plus 114 à 118 ans donne.				1914 à 1918
Consulat à vie.	1802 —	—	—	—	1916 à 1920
Empire	1804 —	—	—	—	1918 à 1922

Si les phénomènes se reproduisent d'une façon analogue,
le prochain roi ou empereur doit commencer à se manifester en 1914. Il restera dans une situation indécise pendant
plusieurs années, augmentant graduellement son influence ;
et finalement il parviendra au pouvoir suprême entre 1916
et 1922. Nous verrons tout à l'heure comment on pourrait
arriver à diminuer cette indétermination et à obtenir une
date précise.

Je rappellerai à cette occasion que j'ai annoncé également,
en 1909, que le rétablissement de la paix religieuse, la reprise
des relations avec le Pape, enfin l'institution d'un nouveau
concordat doivent se réaliser de 1916 à 1920, avec l'année
1918 comme date la plus probable.

Ces événements se produisent donc à peu près en même
temps que l'établissement du futur roi ou empereur.

On doit se rappeler que les principales prophéties ont
annoncé l'arrivée successive, en France, de deux rois : l'un

qu'on appelle le précurseur, et l'autre, roi des fleurs de lys, descendant légitime des anciens rois de France.

Ce serait le premier de ces rois, le précurseur, qui arriverait au pouvoir entre 1916 et 1922. Quant au second, au grand roi des lys, il arrivera plus tard au cours de la période FF.

Si on applique le cycle de 114 à 118 ans à la restauration de Louis XVIII, on trouve :

1815 plus 114 à 118 ans donne 1929 à 1933.

La restauration légitime devrait donc se produire entre 1929 et 1933.

Si l'on étudie en détail la nature des événements, ce qui allongerait trop cette étude, on arrive à la conclusion que les années 1929 et 1930 seront remplies par une guerre désastreuse, par des soulèvements de la populace, et par des massacres.

Le retour de la monarchie légitime ne pourrait donc avoir lieu qu'en 1931, 1932, ou 1933.

Telles sont les indications qu'on peut obtenir en se bornant à des considérations générales. Si l'on voulait arriver à préciser davantage, il faudrait, pour cela, connaître les personnalités qui parviendront au pouvoir dans ces deux cas. Évidemment, on n'a plus affaire ici à des calculs astrologiques ; on rentre simplement dans des considérations hypothétiques, basées sur les prophéties.

Ce point établi, voici quelles sont, à l'heure actuelle, les suppositions les plus probables que l'on peut faire à cet égard :

Le premier roi précurseur, genre impérial, qui doit succéder à la république actuelle, paraît être le roi Albert de Belgique.

C'est lui qui a commencé son rôle en 1914.

C'est lui, soit comme roi de France et de Belgique, soit comme empereur d'Occident, qui réunirait *le lion à la fleur blanche*, c'est-à-dire la Belgique à a France, conformément à de nombreuses prophéties.

C'est lui, descendant de Louis-Philippe par les femmes, qui correspond à *la petite corne de la prophétie de Prémol*, c'est-à-dire à la branche cadette de la famille d'Orléans. Et l'on sait que c'est *cette petite corne qui doit tuer le second né du dragon* (Prémol), autrement dit mettre fin à la république actuelle.

Enfin c'est lui le *Coq* (c'est-à-dire le membre des Orléans) qui doit venir avant le roi des lys : « *Alors un jeune guerrier cheminera vers la grande ville ; il portera lion et coq sur son armure ; il sera secondé merveilleusement par les peuples guerriers de la Gaule-Belgique* » (prophétie d'Olivarius).

Il est donc presque certain que c'est le *roi Albert de Belgique* qui correspond à la personnalité du roi précurseur (1).

On pourrait alors se servir de ses caractéristiques personnelles pour fixer l'époque du premier rétablissement monarchique ou impérial. Il faudrait pour cela connaître la date et l'heure exacte de sa naissance ; l'heure est indispensable. Or, malheureusement, je ne les connais pas.

Si quelque lecteur pouvait me les procurer, et les envoyer à M. de Novàye, je pourrais alors calculer la date de son avènement, et fixer définitivement ce point intéressant.

Quant au grand roi futur, au roi des fleurs de Lys, il paraît très probable que ce sera **Charles-Henri de Bourbon**, né à **Lunel en 1899.**

C'est le descendant légitime incontestable des anciens rois de France. C'est lui, et lui seul, qui est, à l'heure actuelle, le véritable dauphin de France (2).

C'est aussi lui, comme l'a montré M. Elysée de Vignois, qui est désigné dans Nostradamus par l'expression maintes fois répétée : « *Le grand Chiren Selin.* »

(1) C'est une thèse audacieuse — nous verrons bien.

(2) Inutile de faire remarquer que ceci est l'opinion personnelle de Nébo. La discuter sortirait de notre programme, et surtout nous mènerait trop loin.

Chiren, mis pour Ch. Henri ; et Sélin, de Sélèné (lune), pour indiquer sa naissance à Lunel.

Ce descendant légitime des anciens rois de France a un très beau thème astrologique : il appartiendrait au deuxième ordre de la classification des hommes célèbres que j'ai jadis publiée dans l'*Echo du Merveilleux ;* ordre qui ne contient que des personnalités de haute valeur, telles que Pascal, Cauchy, Galilée, Fresnel, Bossuet, Fénelon, Renan, Shakespeare, Milton, Cavour, Wallenstein, Saint-Arnaud, Pélissier, Mozart, Wagner, Gluck, Massenet, Saint-Saens, Gœthe, Byron, Auguste Comte, Augustin Thierry, etc...

Si la famille d'Henri de Bourbon lui donne une éducation suffisante pour développer toutes ses facultés, il viendra se classer parmi les génies de l'humanité.

Si c'est réellement ce prince qui doit régner sur la France, on peut fixer la date de son arrivée au pouvoir avec une grande précision :

D'après les indications générales, la restauration légitime devrait avoir lieu en 1931, 1932, ou 1933.

D'après son thème particulier, Henri de Bourbon devrait arriver au pouvoir du 1er au 10 août de l'année 1931.

Il régnerait pendant 25 années, de 1931 à 1956.

. . . .

Et si cela arrivait, ce serait un cas bien intéressant, et un joli résultat pour les études astrologiques.

Poitiers. — Imp. G. Roy, 7, rue Victor-Hugo.

TABLE DES MATIÈRES

MÊME LIBRAIRIE

DEMAIN..?

D'APRÈS LES CONCORDANCES FRAPPANTES

DE 120 PROPHÉTIES ANCIENNES ET MODERNES

Publié en Octobre 1905

Par le **BARON DE NOVAYE**

Fort volume in-12 (5ᵉ *édition*).................... 3.50

Ce Livre répond aux questions que chacun se pose intérieurement, et non sans anxiété, à l'époque si troublée où nous vivons, si remplie d'inquiétudes et de surprises inattendues.

Il y répond, non par des impressions personnelles, toujours sujettes à erreur, comme tout ce qui est humain. L'Auteur vous dit :

« Voilà ce que nous ont annoncé CENT VINGT prophéties, tant anciennes que modernes, et comme une grande partie des faits prophétisés se sont déjà réalisés, jugez, Lecteurs, si la suite ne se réalisera pas avec la même exactitude que pour les faits passés. »

Bien que l'auteur ne présente pas toutes ces prophéties comme articles de foi, il n'en est pas moins que leur groupement projette une vive lumière sur l'avenir, qui permet d'espérer pour la France, après un temps d'épreuves cruelles, des temps meilleurs et même une une régénération providentielle.

Poitiers. — Imp. G. Roy, 7, rue Victor-Hugo.

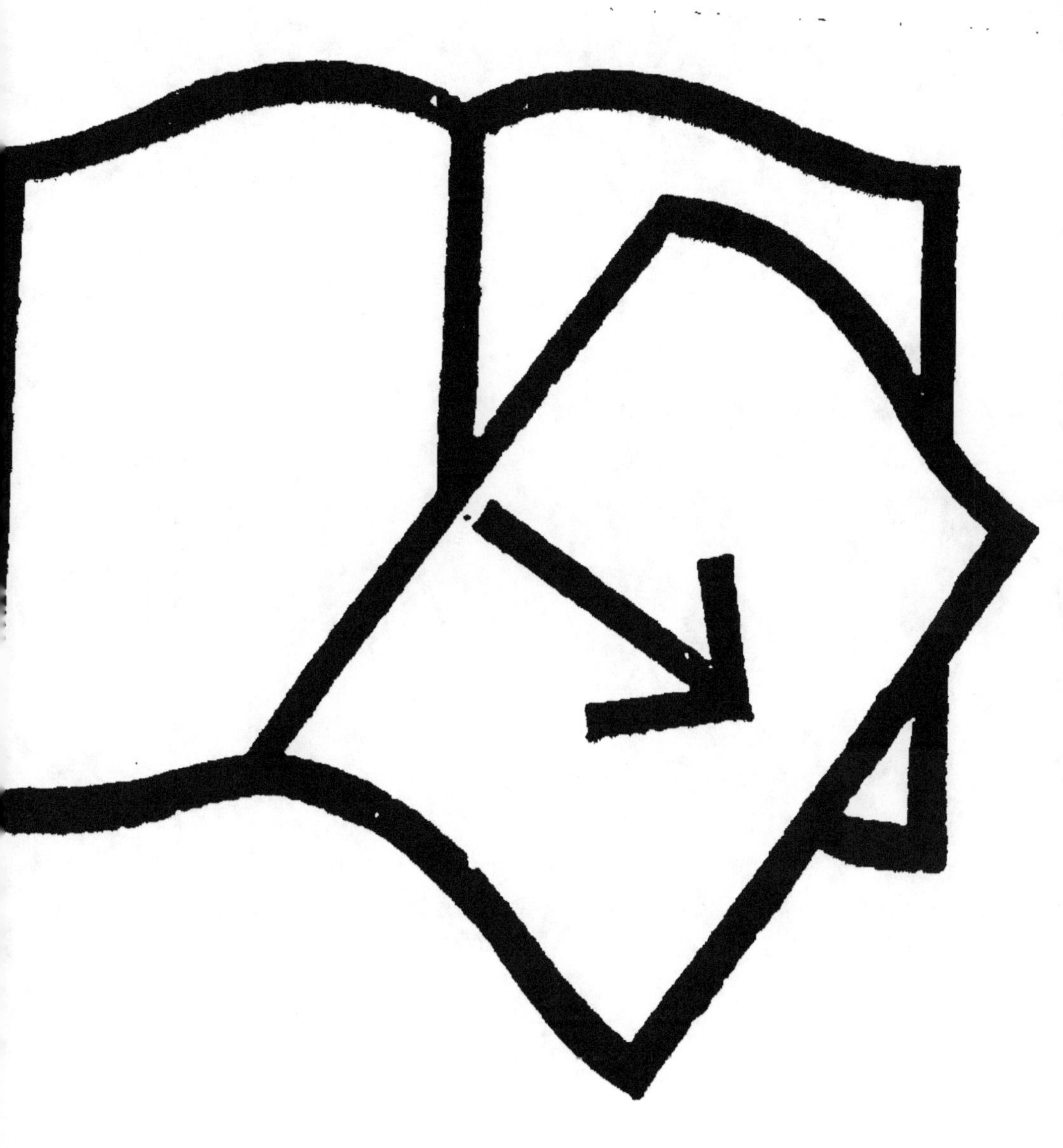

Documents manquants (pages, cahiers...)
NF Z 43-120-13